DESCRIPTION

D'UN MONUMENT

TROUVÉ

DANS UNE MAISON RUE VIVIENNE, A PARIS,

Par M. de VIALART-SAINT-MORYS.

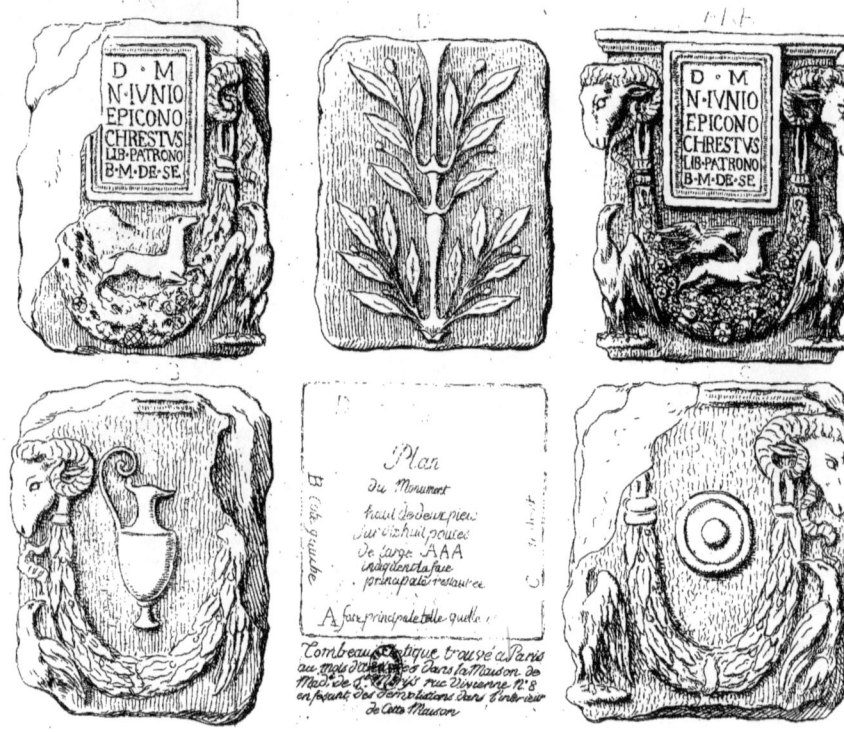

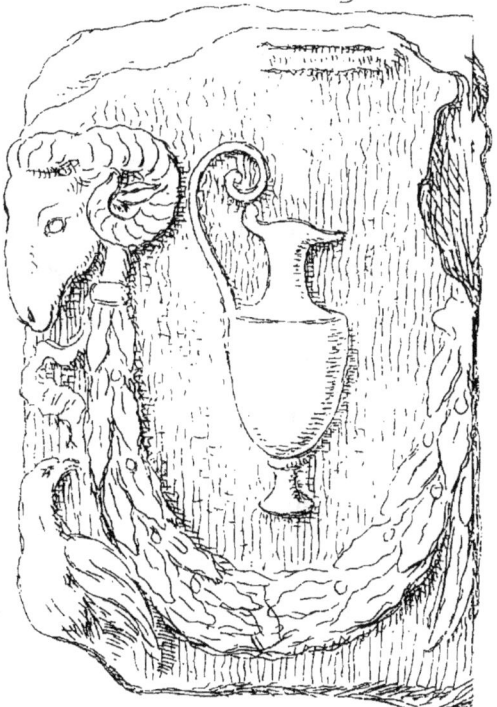

DESCRIPTION
D'UN MONUMENT
TROUVÉ

DANS UNE MAISON RUE VIVIENNE, A PARIS,

Par M. de VIALART-SAINT-MORYS.

LE monument dont la figure gravée est ci-jointe, fut trouvé en avril 1806, en démolissant un four placé dans la partie antérieure d'une maison située rue Vivienne, n.° 8. Cette maison appartenant à madame Saint-Morys, ma mère, est contigüe aux bâtimens de l'ancienne caisse d'escompte, et le four, dans les fondemens duquel le monument que je décris a été trouvé, était fort près des anciennes écuries de cette maison. Ces remarques peuvent paraître minutieuses; mais elles ne sont pas cependant inutiles, puisqu'elles servent à constater que c'est dans cette maison qu'on trouva, en 1751, des antiquités que l'abbé Lebeuf recueillit, et sur lesquelles M. de Caylus a écrit les observations dont je vais donner l'extrait * : ces rapports ajoutent,

---

* On a trouvé dans l'été de l'année 1751, à trois toises de profondeur, en bâtissant les écuries d'une maison située dans la rue Vivienne, huit différens morceaux de marbre blanc, et tous travaillés en bas-reliefs. Ces marbres avaient été jetés pêle-mêle dans quelque fosse, sans doute, par le zèle des premiers chrétiens, ou parce qu'on les jugeait mutilés; cependant ils n'ont pas été aussi maltraités qu'ils auraient dû l'être. On ne peut reculer l'époque de leur destruction, plus tard que vers l'an 554, temps auquel Childebert ordonna qu'on démolît, à Paris et dans le royaume, ce qui restait de temples, de

ce me semble, de l'intérêt au monument en lui-même, et ne peuvent manquer d'en donner à ma description ; ils me paraissent incontestables en effet : 1.° c'est en 1751, que les antiquités dont parle Caylus furent trouvées, et c'est aussi vers le même temps que la maison de madame de Saint-Morys fut bâtie par un de mes parens; 2.° la carte topographique que Caylus a jointe à sa description, indique que la maison où les antiquités qu'il décrit furent trouvées, était située au milieu de cette rue ; 3.° les antiquités dont parle Caylus furent trouvées en posant les fondemens d'une écurie, et c'est aussi à côté d'une écurie qu'on a découvert le monument dont j'ai l'honneur de vous entretenir ; ainsi toutes les circonstances de temps et de lieu coïncident si parfaitement, qu'il paraît certain que tout ce que dit Caylus peut s'appliquer à ma description. On peut aussi, avec une grande vraisemblance, en inférer qu'il y avait à cet endroit le mausolée ou l'hypogée de la famille de quelque Romain constitué en dignité ; et enfin, qu'on y trouvera probablement encore d'autres monumens du même genre. Sans doute, il y en a eu beau-

---

statues, d'autels et d'autres marques du paganisme. Cet édit de Childebert est à la tête des capitulaires, dans l'édition de Balusc., page 6.

M. l'abbé Lebeuf, qui m'a cédé ces antiquités, a dit, lorsqu'il en a rendu, à l'académie, un compte sommaire, que le lieu de leur découverte était, autrefois, une campagne éloignée de la ville, et je suis d'autant plus de son avis, que tous les auteurs cités dans la dissertation de M. Le Roi et ailleurs, font voir que du temps des Romains ce côté de Paris était couvert de bois. Le plus grand nombre de ces monumens n'a pu convenir qu'à l'ornement des tombeaux ; les autres ont peut-être fait partie de temples, de chapelles, ou bien enfin, de quelques palais qui servaient de maisons de campagne à ceux qui commandaient pour les Romains ; car Paris était un poste d'autant plus important pour la sûreté des Gaules, que sa situation sur une rivière navigable, grossie par les eaux de plusieurs autres également commerçantes, en a toujours fait un point de réunion pour différentes provinces ; et le climat de cette ville en a toujours rendu l'habitation très-agréable.

(CAYLUS, *Recueil d'antiquités*, tom. 2, pag. 382 et suiv.

coup de détruits, et presque tous ont été mutilés, surtout dans l'hypothèse que présente Calyus, d'un ordre général de destruction donné par Childebert. Celui-ci même, qui est mutilé, eût été entièrement détruit, si je n'avais pas passé au moment où on l'avait retiré des fondations où il était, et où il allait être confondu avec d'autres pierres destinées à être enlevées comme moëllons.

Ce monument est une urne cinéraire de marbre blanc, d'environ 18 pouces de haut sur 12 de large. Sa fétidité était si grande au moment où on le retira des fondations du four, que je faillis me trouver mal. Après l'avoir considéré pendant quelques minutes dans une chambre fermée, j'en portai un fragment à M. Haüy, qui crut que cette fétidité était inhérente au marbre, comme dans le marbre puant. Mais ce qui prouve que ce grand minéralogiste était dans l'erreur, c'est que cette odeur que je jugeai dès-lors plus poignante que celle d'aucune espèce du marbre fétide connu, et qui d'ailleurs se répandait spontanément et sans friction, a diminué de jour en jour, et est presque nulle à présent, même quand on emploie la friction pour l'exciter. Le travail du monument est d'un bon goût, les lettres de l'inscription bien faites. Quant à l'inscription en elle-même, j'observe que le nom de *Junius Epigonus* n'est point connu dans l'histoire. J'ai trouvé seulement ce nom d'*Epigonus* dans une inscription que Montfaucon rapporte d'après Gruter, tom. 5, pag. 20, *Antiq. expliq.* Mais c'est celle d'un certain *Julius Epigonus*, et celle-ci est de *Junius Epigonus*.

Entre l'inscription et une guirlande de fleurs, est sculptée une biche; cette face de l'urne, ainsi que les autres, est gravée avec la plus grande fidélité; mais j'ai de plus fait graver, figure *AAA*, la restauration de cette face que j'ai cru suffisamment indiquée par le fragment qui reste figure *A*, et l'attitude de la biche, qui est celle d'un animal qui souffre et se débat. J'ai d'autant plus de raison de croire que je ne me suis pas trompé dans ma restauration, que l'antiquité présente en effet plusieurs ornemens de ce genre sur différentes urnes cinéraires. Montfaucon, par exemple, tom. 5, pag. 104, *Ant. expl.*, donne la description et la gravure d'une urne cinéraire, où l'on voit un cerf mordu par un tigre; et page 75, même tome, celle d'une autre urne où un taureau est déchiré par un dragon: ces sujets sont, de même que dans mon urne cinéraire, sculptés sur la face principale, et placés au-dessus de l'inscription. Ce savant antiquaire assure qu'il n'y a d'autre explication à donner de ces compositions que la fantaisie des artistes qui les ont choisies pour ornemens; d'autres savans veulent y trouver une allégorie.

Sur la face *B*, est sculpté un *præferriculum* d'une belle forme; sur la face *C*, une patère; sur la face *D*, est un arbre ou une plante assez mal exécuté; aux quatre angles inférieurs sont des aigles; aux quatre angles supérieurs des têtes de bélier. Tous ces ornemens sont moins bien exécutés sur le côté opposé à la face principale, circonstance qui peut faire penser que cette urne était dans une niche de *columbarium*, où sa partie postérieure était cachée. Sa partie supérieure n'a point été trouvée; l'endroit où elle était attachée à la partie inférieure, est indiqué par un trou profond dans lequel s'adaptait probablement un lien de fer. La partie de l'urne que j'ai, n'étant point creuse intérieurement, il s'ensuit, ou que cette urne n'était qu'un sarcophage, en prenant ce mot dans son acception moderne, ou que la partie supérieure contenait les cendres. Cette dernière opinion me paraît la plus probable. Elle se lie d'ailleurs mieux avec celle de Caylus, et avec celle que j'ai énoncée, que probablement il y a eu dans ce lieu un hypogée. Cependant, si Junius Épigonus était un homme constitué en dignité, et dont la famille eût possédé un *columbarium*, eût-ce été son affranchi qui lui eût élevé un monument? Je donne mes conjectures pour celles d'un homme très-peu érudit. Mais ma description, qui est d'une scrupuleuse exactitude, pourra toujours être utile à la connaissance de l'antiquité; il n'est pas donné à tout le monde d'expliquer avec sagacité; mais on peut se flatter, je crois, de parvenir à décrire avec justesse, quand on aime par dessus tout la vérité.

(7)

Le monument que je viens de décrire a été examiné, au moment où il venait d'être trouvé, par MM. Cambry, Millin, Lenoir, et d'autres personnes que j'avais invitées à le venir voir.

(Extrait du N.° 57 du Journal des Arts, des Sciences et de la Littérature *).

---

* Ce journal paraît les 5, 10, 15, 20, 25 et 30 de chaque mois, par cahiers d'une feuille et demie d'impression, petit-romain et petit-texte. Le prix de l'abonnement est de 8 fr. 50 c. pour trois mois, 16 fr. pour six mois, et 30 fr. pour l'année. On s'abonne à Paris, chez M. MARGOTTET, rue Sainte-Croix de la Bretonnerie, n.° 22 ; chez DELAUNAY, libraire, Palais-Royal, galerie de bois, n.° 243 ; et chez BRUNOT-LABBE, libraire de l'Université impériale, quai des Augustins, n.° 33. Les lettres et l'argent doivent être affranchis.

Tout ce qui concerne la rédaction doit être adressé, *franc de port*, au *Rédacteur du Journal des Arts, des Sciences et de la Littérature*, rue Montesquieu, n.° 2, près le Palais-Royal.

IMPRIMERIE DE FAIN, RUE SAINT-HYACINTHE, N.° 25.